Dragon Libro Da Colorare Per Bambini

© 2015 da Avon Coloring Book

Tutti i diritti riservati. Nessuna parte di questa pubblicazione può essere copiato, riprodotto in qualsiasi formato , con qualsiasi mezzo , elettronico o di altro tipo , senza previo consenso del titolare del diritto d'autore e l'editore di questo libro .

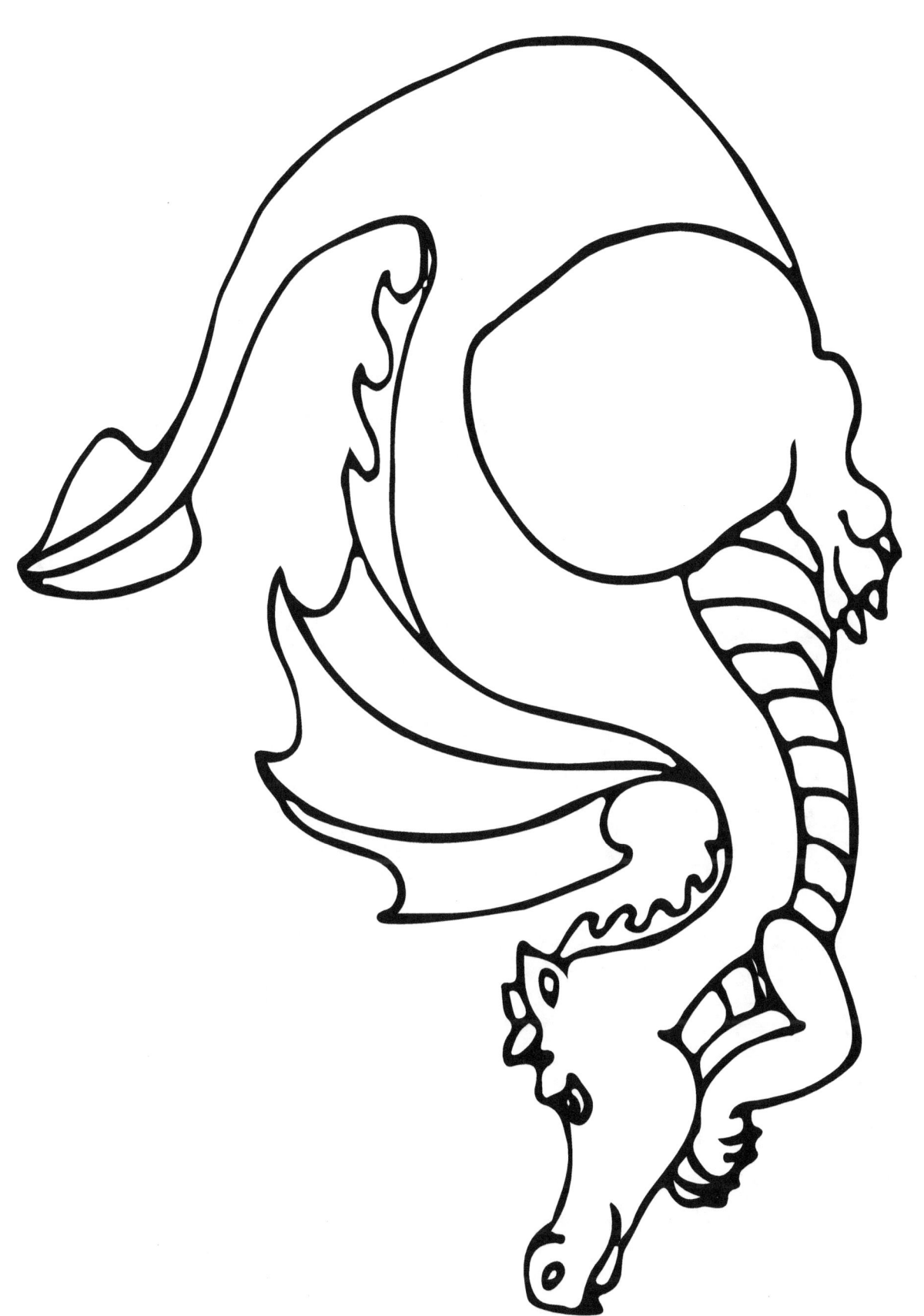

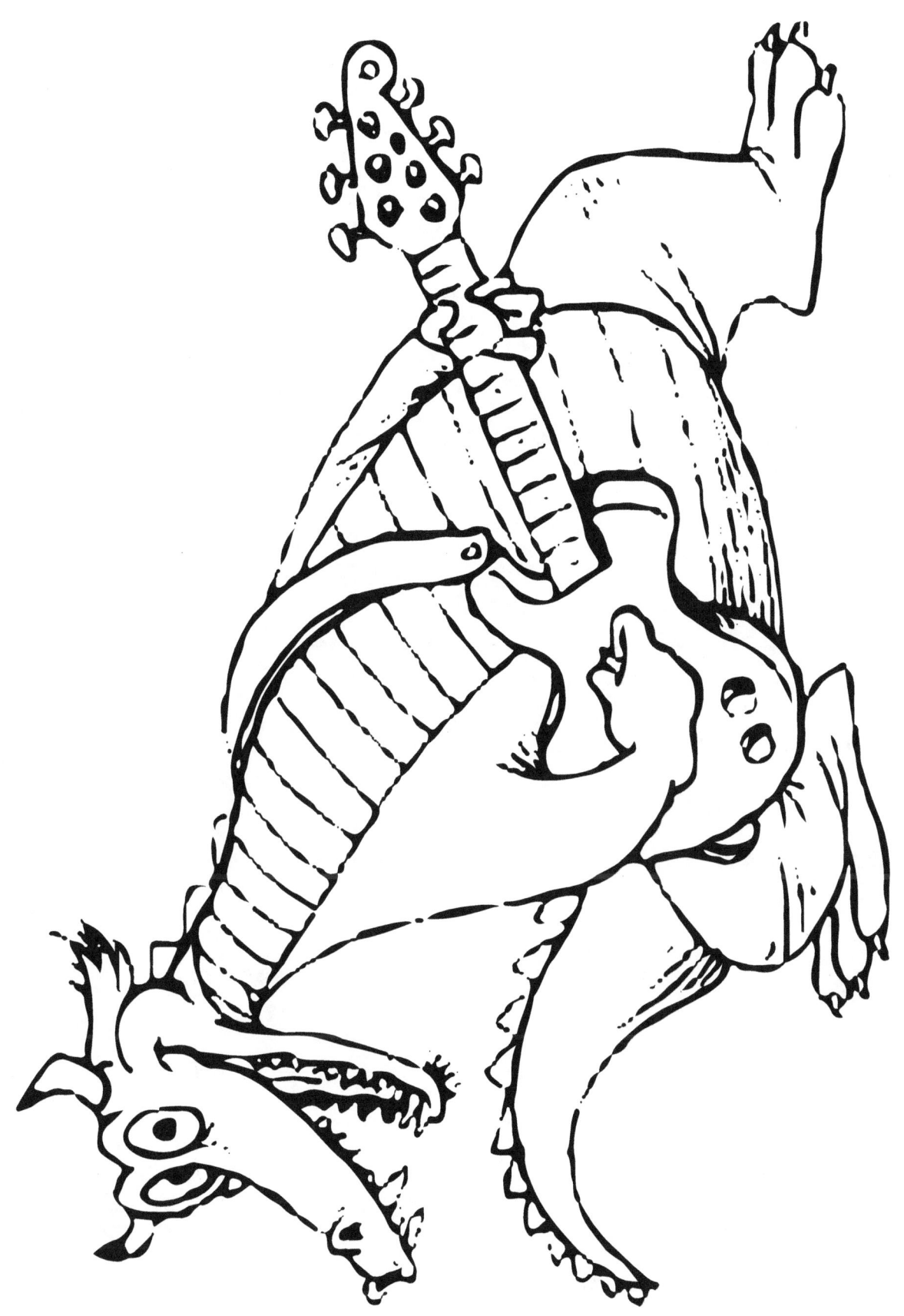